Annie Ernaux

L'occupation

Gallimard

Annie Ernaux a passé toute sa jeunesse à Yvetot, en Normandie. Agrégée de lettres modernes, elle a enseigné à Annecy, Pontoise et au Centre national d'enseignement à distance. Elle vit dans le Val-d'Oise, à Cergy.

Sachant pourtant que si j'avais le courage d'aller jusqu'au bout de ce que je ressentais, je finirais par découvrir ma propre vérité, la vérité de l'univers, la vérité de toutes ces choses qui n'en finissent pas de nous surprendre et de nous faire mal.

JEAN RHYS

J'ai toujours voulu écrire comme si je devais être absente à la parution du texte. Écrire comme si je devais mourir, qu'il n'y ait plus de juges. Bien que ce soit une illusion, peut-être, de croire que la vérité ne puisse advenir qu'en fonction de la mort.

Mon premier geste en m'éveillant était de saisir son sexe dressé par le sommeil et de rester ainsi, comme agrippée à une branche. Je pensais, « tant que je tiens cela, je ne suis pas perdue dans le monde ». Si je réfléchis aujourd'hui à ce que cette phrase signifiait, il me semble que je voulais dire qu'il n'y avait rien d'autre à souhaiter que cela, avoir la main refermée sur le sexe de cet homme.

Il est maintenant dans le lit d'une autre femme. Peut-être fait-elle le même geste, de tendre la main et de saisir le sexe. Pendant des mois, j'ai vu cette main et j'avais l'impression que c'était la mienne.

C'est pourtant moi qui avais quitté W. quelques mois auparavant, après une relation de six ans. Autant par lassitude que par incapacité à échanger ma liberté, regagnée après dix-huit ans de mariage, pour une vie commune qu'il désirait ardemment depuis le début. On continuait de se téléphoner, on se revoyait de temps en temps. Il m'a appelée un soir, il m'annonçait qu'il déménageait de son studio, il allait vivre avec une femme. Il y aurait dorénavant des règles pour se téléphoner — seulement sur son portable — pour se rencontrer — jamais le soir ni le week-end. À la sensation de débâcle qui m'a envahie, j'ai perçu qu'un élément nouveau avait surgi. À partir de ce moment, l'existence de cette autre femme a envahi la mienne. Je n'ai plus pensé qu'à travers elle.

Cette femme emplissait ma tête, ma poitrine et mon ventre, elle m'accompagnait partout, me dictait mes émotions. En même temps, cette présence ininterrompue me faisait vivre intensément. Elle provoquait des mouvements intérieurs que je n'avais jamais connus, déployait en moi une énergie, des ressources d'invention dont je ne me croyais pas capable, me maintenait dans une fiévreuse et constante activité.

J'étais, au double sens du terme, occupée.

Cet état tenait éloignés de moi les soucis et les agacements quotidiens. D'une certaine façon, il me situait hors d'atteinte de la médiocrité habituelle de la vie. Mais la réflexion que suscitent généralement les événements politiques, l'actualité, n'avait pas non plus de prise sur moi. J'ai beau chercher, en dehors du Concorde s'écrasant après son décollage sur un Hotelissimo de Gonesse, rien dans le monde de l'été 2000 ne m'a laissé de souvenir.

Il y avait d'un côté la souffrance, de l'autre la pensée incapable de s'exercer sur autre chose que le constat et l'analyse de cette souffrance.

Il me fallait à toute force connaître son nom et son prénom, son âge, sa profession, son adresse. Je découvrais que ces données retenues par la société pour définir l'identité d'un individu et qu'on prétend, à la légère, sans intérêt pour la connaissance véritable de la personne étaient, au contraire, primordiales. Elles seules allaient me permettre d'extraire de la masse indifférenciée de toutes les femmes un type physique et social, de me représenter un corps, un mode de vie, d'élaborer l'image d'un personnage. Et dès lors qu'il m'a dit, avec réticence, qu'elle avait quarante-sept ans, qu'elle était enseignante, divorcée avec une fille de seize ans et qu'elle habitait avenue Rapp, dans le VIIe, a surgi une silhouette en tailleur strict et chemisier, brushing impeccable, préparant ses cours à un bureau dans la pénombre d'un appartement bourgeois.

Le nombre 47 a pris une étrange matérialité. Je voyais les deux chiffres plantés partout, immenses. Je ne situais plus les femmes que dans l'ordre du temps et d'un vieillissement dont j'évaluais sur elles les signes en les comparant aux miens. Toutes celles à qui je pouvais attribuer entre quarante et cinquante ans, vêtues avec cette « élégante simplicité » qui uniformise les résidentes des beaux quartiers, étaient des doubles de l'autre femme.

Je me suis aperçue que je détestais toutes les femmes profs — ce que j'avais pourtant été, ce qu'étaient mes meilleures amies —, leur trouvant un air déterminé, sans faille.

Renouant ainsi avec la perception que j'avais d'elles quand j'étais lycéenne et qu'elles m'impressionnaient au point de penser que je ne pourrais jamais faire ce métier et leur ressembler. C'était le corps de mon ennemie, propagé à l'ensemble de ce qui n'avait jamais si bien porté son nom, le corps enseignant.

Dans le métro, n'importe quelle femme dans la quarantaine portant un sac de cours était « elle », et la regarder une souffrance. Je ressentais l'indifférence qu'elle manifestait généralement à mon attention et le mouvement plus ou moins vif, décidé, qu'elle avait pour se lever de la banquette et descendre à une station — dont je notais mentalement le nom aussitôt — comme une néantisation de ma personne, une façon, pour celle en qui j'avais vu durant tout le trajet la nouvelle femme de W., de me faire la nique.

Un jour, je me suis souvenue de J., les yeux brillants sous ses cheveux frisés, se vantant d'avoir dans son sommeil des orgasmes qui la réveillaient. Aussitôt c'est l'autre femme qui a pris sa place, l'autre femme que je voyais et entendais, exsudant la sensualité et les orgasmes à répétition. C'était comme si toute une catégorie de femmes aux capacités érotiques hors du commun, arrogante, la même que celle dont les photos radieuses ornent le « Supplément Sexe » pour l'été des magazines féminins, se levait triomphalement — dont j'étais exclue.

Cette transsubstantiation du corps des femmes que je rencontrais en corps de l'autre femme s'opérait continuellement : je la « voyais partout ».

S'il m'arrivait de tomber, en parcourant la rubrique de faire-part du *Monde* ou des pages d'annonces immobilières, sur une mention de l'avenue Rapp, ce rappel de la rue où vivait l'autre femme obnubilait brutalement ma lecture, que je poursuivais sans en comprendre le sens. À l'intérieur d'un périmètre incertain, allant des Invalides à la tour Eiffel, englobant le pont de l'Alma et la partie calme, huppée, du VIIe, s'étendait un territoire où, pour rien au monde, je ne me serais aventurée. Une zone toujours présente en moi, entièrement contaminée par l'autre femme, et que le pinceau lumineux du phare de la tour Eiffel, visible des fenêtres de ma maison sur les hauteurs de la banlieue ouest, me désignait obstinément, chaque soir, en la balayant avec régularité jusqu'à minuit.

Quand, pour une obligation quelconque, je devais me rendre à Paris, dans le Quartier latin où, après l'avenue Rapp, la probabilité de le croiser en compagnie de cette femme était la plus grande, j'avais l'impression de me trouver dans un espace hostile, d'être surveillée de tous les côtés, de façon indéfinissable. Comme si, dans ce quartier que j'emplissais de l'existence de cette femme, la mienne n'avait pas sa place. Je me sentais en fraude. Marcher boulevard Saint-Michel ou rue Saint-Jacques, même si j'y étais contrainte, c'était exposer mon désir de les rencontrer. Dans l'immense regard accusateur que je sentais peser sur moi, c'est Paris tout entier qui me punissait de ce désir.

Le plus extraordinaire dans la jalousie, c'est de peupler une ville, le monde, d'un être qu'on peut n'avoir jamais rencontré.

En de rares moments de répit où je me sentais comme avant, où je pensais à autre chose, brusquement l'image de cette femme me traversait. J'avais l'impression que ce n'était pas mon cerveau qui produisait cette image, elle faisait irruption de l'extérieur. On aurait dit que cette femme entrait et sortait de ma tête à sa guise.

Dans le film intérieur que je me déroule habituellement — la figuration de moments agréables à venir, une sortie, des vacances, un dîner d'anniversaire — toute cette auto-fiction permanente anticipant le plaisir dans une vie normale était remplacée par des images jaillies du dehors qui me vrillaient la poitrine. Je n'étais plus libre de mes rêveries. Je n'étais même plus le sujet de mes représentations. J'étais le squat d'une femme que je n'avais jamais vue. Ou, comme m'avait dit un jour un Sénégalais à propos de la possession dont il se croyait l'objet de la part d'un ennemi, j'étais « maraboutée ».

Je ne me sentais délivrée de cette emprise qu'en essayant la robe ou le pantalon que je venais d'acheter en prévision de ma prochaine rencontre avec W. Son regard imaginaire me rendait à moi-même.

J'ai commencé à souffrir de ma séparation avec lui.

Quand je n'étais pas occupée par l'autre femme, j'étais en butte aux attaques d'un monde extérieur s'acharnant à me rappeler notre passé commun, qui avait maintenant le sens d'une perte irrémédiable.

Soudainement apparaissaient dans ma mémoire, sans relâche et à une vitesse vertigineuse, des images de notre histoire, telles des séquences de cinéma qui se chevauchent et s'empilent sans disparaître. Rues, cafés, chambres d'hôtel, trains de nuit et plages tournoyaient et se télescopaient. Une avalanche de scènes et de paysages dont la réalité était, à ce moment-là, effrayante, « j'y étais ». J'avais l'impression que mon cerveau se libérait à jets continus de toutes les images engrangées dans le temps de ma relation avec W. sans que je puisse rien faire pour stopper l'écoulement. Comme si le monde de ces années-là, parce que je n'en avais pas apprécié la saveur unique, se vengeait et revenait, résolu à m'engloutir. Parfois, il me semblait devenir folle de douleur. Mais la douleur était le signe même que je ne l'étais pas, folle. Pour faire cesser ce carrousel atroce, je savais que je pouvais me verser un grand verre d'alcool ou avaler un comprimé d'Imovane.

Pour la première fois, je percevais avec clarté la nature matérielle des sentiments et des émotions, dont j'éprouvais physiquement la consistance, la forme mais aussi l'indépendance, la parfaite liberté d'action par rapport à ma conscience. Ces états intérieurs avaient leur équivalent dans la nature : déferlement des vagues, effondrements de falaises, gouffres, prolifération d'algues. Je comprenais la nécessité des comparaisons et des métaphores avec l'eau et le feu. Même les plus usées avaient d'abord été *vécues*, un jour, par quelqu'un.

Continuellement, des chansons ou des reportages à la radio, des pubs, me replongeaient dans le temps de ma relation avec W. Entendre *I'll be waiting, Juste quelqu'un de bien* ou une interview d'Ousmane Sow, dont nous avions vu ensemble les statues colossales sur le pont des Arts, me serrait aussitôt la gorge. N'importe quelle évocation de séparation ou de départ — un dimanche, une animatrice quittant FIP, la radio où elle avait parlé durant trente ans — suffisait à me bouleverser. Comme les gens fragilisés par la maladie ou la dépression, j'étais une caisse de résonance de toutes les douleurs.

Un soir, sur le quai du RER, j'ai pensé à Anna Karénine à l'instant où elle va se jeter sous le train, avec son petit sac rouge.

Je me rappelais par-dessus tout les premiers temps de notre histoire, l'usage de la « magnificence » de son sexe, ainsi que je l'avais écrit dans mon journal intime. Ce n'était pas l'autre femme, finalement, que je voyais à ma place, c'était surtout moi, telle que je ne serais plus jamais, amoureuse et sûre de son amour à lui, au bord de tout ce qui n'avait pas encore eu lieu entre nous.

Je voulais le *ravoir.*

J'avais absolument besoin de voir un film à la télé sous prétexte que je l'avais raté à sa sortie en salle. Il me fallait bien admettre ensuite que ce n'était nullement pour cette raison. Il y avait des quantités de films qui m'avaient échappé et dont le passage à la télévision, quelques années après, m'indifférait. Si je désirais regarder *L'école de la chair,* c'était à cause du rapport entre ce que je savais de l'histoire du film — un garçon jeune, impécunieux, avec une femme plus vieille gagnant bien sa vie — et celle que j'avais eue avec W., que l'autre femme avait maintenant avec lui.

Quel que soit le scénario, si l'héroïne était dans la souffrance, c'était la mienne qui était représentée, portée par le corps de l'actrice, dans un redoublement accablant. Si bien que j'étais presque soulagée quand le film se terminait. Un soir, j'ai cru descendre au fond de la désolation avec un film japonais en noir et blanc, qui se passait dans l'après-guerre, où il pleuvait sans arrêt. Je me disais que, six mois avant, j'aurais vu le même film avec plaisir, trouvant dans le spectacle d'une douleur que je n'éprouvais pas une profonde satisfaction. De fait, la catharsis ne profite qu'à ceux qui sont indemnes de passion.

Entendre par hasard *I will survive*, cette chanson sur laquelle, bien avant qu'elle soit braillée dans les vestiaires de la Coupe du monde de football, je me déchaînais certains soirs en dansant dans l'appartement de W., me pétrifiait. À l'époque où je virevoltais devant lui, seuls comptaient le rythme de la musique et la voix âpre de Gloria Gaynor, que je ressentais comme la victoire de l'amour contre le temps. Dans le supermarché où je l'entendais entre deux annonces publicitaires, le leitmotiv de la chanteuse prenait un sens nouveau, désespéré : moi aussi, il le faudrait, *I will survive.*

Il n'avait pas voulu me dire son nom ni son prénom.

Ce nom absent était un trou, un vide, autour duquel je tournais.

Lors des rencontres que nous continuions d'avoir, dans des cafés ou chez moi, à mes questions réitérées, présentées parfois sous forme de jeu (« dis-moi la première lettre de son prénom »), il opposait un refus de, il disait, « se laisser tirer les vers du nez », accompagné d'un « qu'est-ce que ça t'apporterait de savoir ? ». Pourtant prête à arguer vigoureusement que désirer savoir est la forme même de la vie et de l'intelligence, je convenais : « Rien », et je pensais : « Tout. » Enfant, à l'école, je cherchais absolument à connaître le nom de telle ou telle fille d'une autre classe que j'aimais à regarder en cour de récréation. Adolescente, c'était le nom d'un garçon que je croisais souvent dans la rue et dont je gravais en classe les initiales dans le bois du pupitre. Il me semblait que *mettre un nom* sur cette femme m'aurait permis de me figurer, d'après ce qu'éveillent toujours un mot et des sonorités, un type de personnalité, de posséder intérieurement — fût-elle complètement fausse — une image d'elle. Connaître le nom de l'autre femme, c'était, dans le manque d'être qui était le mien, accaparer un petit quelque chose d'elle.

Je traduisais son refus obstiné de me donner son nom, ainsi que de la décrire si peu que ce soit, comme une crainte que je ne m'en prenne à elle de façon violente ou retorse, que je fasse un esclandre — me supposant donc, idée révoltante qui accroissait ma douleur, d'être capable du pire. À certains moments, je soupçonnais aussi une forme de roublardise sentimentale : me maintenir dans une frustration qui entretenait l'envie que j'avais à nouveau de lui. À d'autres, j'y voyais aussi un désir de la protéger, de la soustraire complètement à ma pensée comme si celle-ci était maléfique pour elle. Alors que, vraisemblablement, il agissait selon une habitude — contractée dans l'enfance pour cacher aux camarades d'école l'alcoolisme d'un père — de tout dissimuler, jusqu'aux détails les moins susceptibles de provoquer le jugement d'autrui, dans une sorte de « pas dit, pas pris » permanent où il puisait sa force de timide orgueilleux.

La recherche du nom de l'autre femme est devenue une obsession, un besoin à assouvir coûte que coûte.

J'arrivais à lui extorquer quelques renseignements. Le jour où il m'a appris qu'elle était maîtresse de conférences en histoire à Paris-III, je me suis précipitée sur l'Internet pour consulter le site de l'université. En voyant, parmi les rubriques, celle des enseignants classés par spécialité, puis, à côté de leurs noms, un numéro de téléphone, j'ai ressenti une sensation de bonheur incrédule, insensé, qu'aucune découverte d'ordre intellectuel n'aurait pu me procurer à ce moment-là. J'ai fait défiler l'écran, déchantant au fur et à mesure : même si, en histoire, les femmes étaient infiniment moins nombreuses que les hommes, je n'avais aucun signe pour la repérer dans cette liste.

Tout nouvel indice que je lui soutirais me lançait aussitôt dans des recherches tortueuses et infatigables sur l'Internet, dont l'utilisation a soudainement été importante dans ma vie. Ainsi lorsqu'il m'a appris qu'elle avait fait sa thèse de doctorat sur les Chaldéens, j'ai lancé le moteur de recherche — le bien nommé, ai-je pensé — sur le mot « Thèse ». Après quantité de clics sur différentes rubriques — spécialité, lieu de soutenance du doctorat —, j'ai vu apparaître le nom d'une enseignante que j'avais déjà relevé dans la liste des professeurs d'histoire ancienne de Paris-III. Je suis restée pétrifiée devant ces lettres inscrites sur l'écran. L'existence de cette femme est devenue une réalité indestructible et atroce. C'était comme une statue sortie de terre. Ensuite, une sorte d'apaisement m'a envahie, s'accompagnant d'une sensation de vide analogue à celle qui suit le passage d'une épreuve d'examen.

Un peu plus tard, le doute m'a assaillie, et j'ai consulté l'annuaire téléphonique du Minitel. Après de multiples recherches, j'ai découvert que l'enseignante en question ne résidait pas à Paris mais à Versailles. Ce n'était donc pas « elle ».

À chaque fois que j'étais traversée par une nouvelle supposition sur l'identité de l'autre femme, l'irruption violente de cette pensée, le creux qu'elle produisait aussitôt dans ma poitrine, la chaleur dans mes mains me paraissaient des critères de certitude aussi irréfutables que l'est peut-être, pour le poète ou le savant, l'illumination.

Un soir, j'ai éprouvé cette certitude devant un autre nom de la liste des professeurs, cherchant aussitôt sur l'Internet si celle qui se nommait ainsi avait publié des livres ayant un rapport avec les Chaldéens. Sous la rubrique la concernant, il y avait : « *La translation des reliques de saint Clément,* article en préparation ». La joie m'a submergée, je m'imaginais en train de dire à W. avec une ironie ravageante : « La translation des reliques de saint Clément, quel sujet palpitant ! », ou : « Voilà le texte que le monde entier attend ! Qui va changer le monde ! » etc. Essayant toutes les variantes d'une phrase destinée à tuer de ridicule les travaux auxquels l'autre femme se consacrait. Jusqu'à ce que d'autres signes aient rendu invraisemblable qu'elle soit l'auteur de l'article, à commencer par l'absence évidente de relation entre les Chaldéens et saint Clément, pape et martyr.

J'imaginais téléphoner aux numéros des enseignantes que j'avais soigneusement notés, demander, après avoir pris la précaution de faire le 36 51 qui permet de ne pas identifier celui qui appelle : « Puis-je parler à W. ? » Et si j'étais tombée juste, que la réponse soit « oui », lâcher d'une voix poissarde, utilisant une information qu'il m'avait livrée par mégarde sur son problème de santé : « Alors, ma grosse, elle va mieux ta vésicule de merde ? », avant de raccrocher.

Dans ces moments, je sentais remonter la sauvagerie originelle. J'entrevoyais tous les actes dont j'aurais pu me rendre capable si la société n'avait jugulé en moi les pulsions, comme, par exemple, au lieu de simplement chercher le nom de cette femme sur l'Internet, décharger sur elle un revolver

en hurlant : « Salope ! Salope ! Salope ! »
Chose que je faisais d'ailleurs parfois, tout
haut, sans revolver. Ma souffrance, au fond,
c'était de ne pas pouvoir la tuer. Et j'enviais
les mœurs primitives, les sociétés brutales
où l'on enlève la personne, on l'assassine
même, résolvant en trois minutes la situation, s'évitant l'étirement — qui m'apparaissait sans fin — d'une souffrance. S'éclai-
raient pour moi la mansuétude des tribu-
naux envers les crimes dits passionnels, leur
répugnance à appliquer la loi qui veut qu'on
punisse un meurtrier, une loi issue de la
raison et de la nécessité de vivre en société
mais qui va à l'encontre d'une autre, vis-
cérale : vouloir supprimer celui ou celle qui
a envahi votre corps et votre esprit. Leur
désir, au fond, de ne pas condamner l'ul-
time geste de la personne en proie à une
souffrance intolérable, le geste d'Othello et
de Roxane.

Car c'est de redevenir libre, de rejeter au-
dehors ce poids à l'intérieur de moi-même

qu'il s'agissait, et tout ce que je faisais allait dans ce but.

Je me souvenais de la fille que W. avait quittée lorsque nous nous étions connus et qui lui avait dit, de rage, « je te planterai des aiguilles ». Cette possibilité de faire des figurines en mie de pain et d'y planter des épingles ne me semblait plus si débile. En même temps, la représentation de mes mains triturant la mie, piquant soigneusement à la place de la tête ou du cœur, était celle d'une autre personne, d'une pauvre crédule : je ne pouvais pas « descendre jusque-là ». La tentation d'y descendre avait pourtant quelque chose d'attirant et d'effrayant, comme se pencher au-dessus d'un puits et voir trembler son image dans le fond.

Le geste d'écrire, ici, n'est peut-être pas si différent de celui de planter des aiguilles.

D'une manière générale, j'admettais les conduites que je stigmatisais naguère ou qui suscitaient mon hilarité. « Comment peut-on faire ça ! » était devenu « moi aussi je pourrais bien le faire ». Je rapprochais mon attitude et mon obsession de certains faits divers, tel celui de cette jeune femme qui avait harcelé un ancien amant et sa nouvelle compagne pendant des années au téléphone, saturant le répondeur, etc. Si je voyais la femme de W. dans des dizaines d'autres, moi-même je me projetais dans toutes celles qui avaient, plus folles ou plus audacieuses, de toute manière « pété les plombs ».

(Il se peut que ce récit ait, à mon insu, la même fonction d'exemplarité.)

Dans la journée, je réussissais à réprimer mes désirs. Avec la nuit, mes défenses tombaient et mon besoin de savoir revenait, plus invasif que jamais, comme s'il n'avait été qu'endormi par l'activité quotidienne ou réduit provisoirement par la raison. Je m'y livrais avec d'autant moins de retenue que j'avais résisté toute la journée. C'était une récompense que je m'offrais pour m'être « bien conduite » aussi longtemps, à la manière des obèses qui observent scrupuleusement un régime depuis le matin et s'octroient le soir une plaquette de chocolat.

Appeler tous les gens de l'immeuble où elle habitait avec W. — j'avais relevé la liste des noms et des numéros de téléphone sur le Minitel — était la chose dont j'avais le plus envie, et la plus terrible. Ce serait, d'un seul coup, accéder à l'existence réelle de cette femme en entendant une voix qui pourrait être la sienne.

Un soir, j'ai composé chaque numéro, précédé du 36 51, méthodiquement. Il y avait des répondeurs, des sonneries dans le vide, parfois une voix d'homme inconnue disant allô et alors je raccrochais. Quand c'était une femme, d'un ton à la fois neutre et déterminé, je demandais W., puis devant la réponse négative ou étonnée, je m'exclamais que je m'étais trompée de numéro. Ce passage à l'acte était un saut exaltant dans l'illicite. Je notais scrupuleusement en face de chaque numéro appelé ses caractéristiques, homme ou femme, répondeur, hésitation. Une femme a raccroché immédiatement après ma question, sans un mot. J'étais sûre que c'était elle. Ensuite cela ne m'a pas paru un indice probant. « Elle » devait être sur la liste rouge.

Parmi les noms que j'avais appelés, une femme avait indiqué sur le répondeur le numéro de son portable, Dominique L. Décidée à ne laisser passer aucune chance, j'ai téléphoné dès le lendemain matin. Une voix féminine joyeuse, de celles qui trahissent l'impatience et le bonheur de recevoir un appel, a claironné allô. Je suis restée muette. La voix du portable, brusquement en alerte, répétait compulsivement allô. J'ai fini par raccrocher sans rien dire, dans la gêne et l'émerveillement de découvrir un pouvoir démoniaque aussi facile, celui d'affoler à distance en toute impunité.

La dignité ou l'indignité de ma conduite, de mes désirs, n'est pas une question que je me suis posée en cette occasion, pas plus que je ne me la pose ici en écrivant. Il m'arrive de croire que c'est au prix de cette absence qu'on atteint le plus sûrement la vérité.

Dans l'incertitude et le besoin de savoir où j'étais, des indices écartés pouvaient être réactivés brutalement. Mon aptitude à connecter les faits les plus disparates dans un rapport de cause à effet était prodigieuse.

Ainsi, le soir du jour où il avait repoussé le rendez-vous que nous devions avoir le lendemain, quand j'ai entendu la présentatrice de la météo conclure l'annonce du temps par *demain on fête les Dominique*, j'ai été sûre que c'était le prénom de l'autre femme : il ne pouvait pas venir chez moi parce que c'était sa fête, qu'ils iraient ensemble au restaurant, dîneraient aux chandelles, etc. Ce raisonnement s'enchaînait en un éclair. Je ne pouvais le mettre en doute. Mes mains brusquement froides, mon sang « qui n'avait fait qu'un tour » en entendant *Dominique* m'en certifiaient la validité.

On peut voir dans cette recherche et cet assemblage effréné de signes un exercice dévoyé de l'intelligence. J'y vois plutôt sa fonction poétique, la même qui est à l'œuvre dans la littérature, la religion et la paranoïa.

J'écris d'ailleurs la jalousie comme je la vivais, en traquant et accumulant les désirs, les sensations et les actes qui ont été les miens en cette période. C'est la seule façon pour moi de donner une matérialité à cette obsession. Et je crains toujours de laisser échapper quelque chose d'essentiel. L'écriture, en somme, comme une jalousie du réel.

Un matin, F., une amie de mon fils, m'a téléphoné. Elle avait déménagé, me donnait sa nouvelle adresse, dans le XIIe. Sa logeuse l'invitait à prendre le thé, lui prêtait des livres, *elle est professeur d'histoire à Paris-III*. Ces mots survenus dans le cours d'une conversation légère m'ont fait l'effet d'un hasard éblouissant. Ainsi, après des semaines de recherches infructueuses, la voix enfantine de F. m'offrait l'opportunité de connaître le nom de l'autre femme, professeur de la même matière dans la même université que sa logeuse. Mais je jugeais impossible d'associer F. à ma quête, de dévoiler une curiosité dont le caractère insolite, sûrement passionnel, ne lui échapperait pas. Le téléphone raccroché, bien que décidée à ne pas y céder, je ne suis pas parvenue à me débarrasser de la tentation de rappeler F. et de lui demander d'interroger sa logeuse sur l'autre femme. À mon insu, les premiers mots d'une entrée en matière auprès de F. se formaient dans ma tête. En quelques heures, la stratégie d'un désir impatient de se satisfaire est venue à bout de ma peur de m'exposer : le soir, dans l'état du pervers qui finit par se persuader que non seulement il n'y a aucun mal à faire ce qu'il va faire, mais qu'il y est obligé, j'ai composé avec détermination le numéro de F., espérant ardemment qu'elle soit chez elle, que je n'aie pas à différer mon enquête et que je puisse prononcer la phrase remuée tout l'après-midi : « F., j'ai quelque chose à te demander ! Quelque chose de très romanesque ! Pourrais-tu savoir le nom », etc.

Comme à chaque fois que je croyais toucher au but, après avoir chargé F. d'enquêter je me suis sentie lasse, vidée, presque indifférente au délai, même au résultat de la réponse. Celle-ci m'a inspiré de nouveaux soupçons : la logeuse avait déclaré ne voir aucunement de quelle prof il s'agissait. J'ai pensé qu'elle mentait et qu'elle connaissait l'autre femme, qu'elle aussi voulait la protéger.

Je notais dans mon journal, « je suis décidée à ne plus le revoir ». Au moment où j'écrivais ces mots, je ne souffrais plus et je confondais l'allégement de la souffrance due à l'écriture avec la fin de mon sentiment de dépossession et de jalousie. À peine avais-je refermé le cahier que j'étais de nouveau tenaillée par le désir de savoir le nom de cette femme, d'obtenir des informations sur elle, toutes choses qui allaient engendrer encore de la souffrance.

Quand il venait chez moi et qu'il allait aux toilettes, j'étais attirée invinciblement par sa serviette de cours déposée dans l'entrée. J'étais sûre qu'elle recelait tout ce que je désirais connaître, le nom, le numéro de téléphone, peut-être une photo. Je m'approchais silencieusement et restais fascinée devant cet objet noir, le souffle suspendu, dans le désir et l'incapacité d'y porter la main. Je me voyais m'enfuyant avec au fond du jardin, l'ouvrant et en extirpant une à une les pièces qu'il contenait, les jetant n'importe où, jusqu'à ce que, comme les voleurs de sacs à la tire, je trouve mon bonheur.

Il m'aurait été évidemment facile de connaître l'identité de cette femme en me rendant clandestinement à son adresse, avenue Rapp. Pour déjouer le piège de la porte s'ouvrant avec un code que je ne possédais pas, j'avais imaginé prendre un rendez-vous avec la gynécologue qui exerçait dans le même immeuble. Mais je redoutais d'être aperçue de lui ou des deux ensemble, révélant ainsi toute ma déréliction de femme qui n'est plus aimée, exhibant mon désir de l'être encore. J'aurais pu aussi payer un détective. Mais c'était encore montrer mon désir à quelqu'un dont la profession ne m'inspire aucune estime. Il me semble que je ne voulais devoir qu'à moi-même ou au hasard la découverte du nom de cette femme.

L'exposition que je fais ici, en écrivant, de mon obsession et de ma souffrance n'a rien à voir avec celle que je redoutais si je m'étais rendue avenue Rapp. Écrire, c'est d'abord ne pas être vu. Autant il me paraissait inconcevable, atroce, d'offrir mon visage, mon corps, ma voix, tout ce qui fait la singularité de ma personne, au regard de quiconque dans l'état de dévoration et d'abandon qui était le mien, autant je n'éprouve aujourd'hui aucune gêne — pas davantage de défi — à exposer et explorer mon obsession. À vrai dire, je n'*éprouve* absolument rien. Je m'efforce seulement de décrire l'imaginaire et les comportements de cette jalousie dont j'ai été le siège, de transformer l'individuel et l'intime en une substance sensible et intelligible que des inconnus, immatériels au moment où j'écris, s'approprieront peut-être. Ce n'est plus *mon* désir, *ma* jalousie, qui sont dans ces pages, c'est *du* désir, *de la* jalousie et je travaille dans l'invisible.

Quand je l'appelais sur son portable — il ne m'avait pas, naturellement, donné son numéro chez l'autre femme — il lui arrivait de s'exclamer, « je pensais justement à toi il y a une minute ! ». Loin de me réjouir, de me faire croire à une communion des esprits, cette remarque m'accablait. Je n'entendais qu'une chose : le reste du temps je n'étais pas dans sa pensée. C'était exactement la phrase que je n'aurais pas pu dire : du matin au soir, lui et elle ne quittaient pas la mienne.

Dans la conversation, il jetait parfois incidemment, « je ne t'ai pas dit ? », enchaînant sans attendre la réponse le récit d'un fait survenu dans sa vie les jours précédents, l'annonce d'une nouvelle concernant son travail. Cette fausse question m'assombrissait aussitôt. Elle signifiait qu'il avait *déjà* raconté cette chose à l'autre femme. C'est elle qui, en raison de sa proximité, avait la primeur de tout ce qui lui arrivait, de l'anodin à l'essentiel. J'étais *toujours* la seconde — dans le meilleur des cas — à être informée. Cette possibilité de partager, dans l'instant, ce qui survient, ce qu'on pense, et qui joue un si grand rôle dans le confort du couple et sa durée, j'en étais dépossédée. « Je ne t'ai pas dit ? » me plaçait dans le cercle des amis et des familiers qu'on voit épisodiquement. Je n'étais plus la première et indispensable dépositaire de sa vie au jour le jour. « Je ne t'ai pas dit ? » me renvoyait à ma fonction d'oreille occasionnelle. « Je ne t'ai pas dit ? » c'était : je n'avais pas besoin de te le dire.

Pendant ce temps je vivais en poursuivant inlassablement le récit intérieur, tissé de choses vues et entendues au fil des jours, qu'on destine à l'être aimé en son absence — la description de mon quotidien qui, je m'en rendais vite compte, ne l'intéressait plus.

Qu'entre toutes les possibilités qui s'offrent à un homme dans la trentaine, il ait préféré une femme de quarante-sept ans m'était intolérable. Je voyais dans ce choix la preuve évidente qu'il n'avait pas aimé en moi l'être unique que je croyais être à ses yeux mais la femme mûre avec ce qui la caractérise le plus souvent, l'autonomie économique, une situation stable, la pratique acquise, sinon le goût, du maternage et la douceur sexuelle. Je me constatais interchangeable dans une série. J'aurais pu aussi bien retourner le raisonnement et admettre que les avantages procurés par sa jeunesse avaient compté dans mon attachement pour lui. Mais je n'avais aucune envie de m'efforcer à la réflexion objective. Je trouvais dans l'allégresse et la violence de la mauvaise foi un recours contre le désespoir.

La supériorité compensatrice que j'aurais pu éprouver par rapport à cette femme, en certaines occasions sociales, pour la reconnaissance de mon travail, je la voyais de l'extérieur. Cet imaginaire des autres, leur regard, qu'il est si fortifiant de se représenter, de supputer, qui flatte tellement la vanité, n'avait aucun pouvoir contre son existence. Dans cet évidement de soi qu'est la jalousie, qui transforme toute différence avec l'autre en infériorité, ce n'était pas seulement mon corps, mon visage, qui étaient dévalués, mais aussi mes activités, mon être entier. J'allais jusqu'à me sentir mortifiée qu'il puisse regarder chez l'autre femme la chaîne Paris-Première que je ne reçois pas. Et je ressentais comme un signe de distinction intellectuelle, une marque supérieure d'indifférence aux choses pratiques, qu'elle ne sache pas conduire et n'ait jamais passé le permis, moi qui avais jubilé de posséder le mien à vingt ans pour aller bronzer en Espagne comme tout le monde.

Le seul moment de jouissance était d'imaginer que l'autre femme découvrait qu'il me voyait encore, qu'il venait, *par exemple*, de m'offrir un soutien-gorge et un string pour mon anniversaire. J'éprouvais un relâchement physique, je baignais dans la béatitude de la vérité révélée. Enfin la souffrance changeait de corps. Je me délestais provisoirement de ma douleur en imaginant la sienne.

Un samedi soir, rue Saint-André-des-Arts, m'est revenu le souvenir des week-ends passés avec lui dans ce quartier, sans joie particulière, dans la résignation d'un rituel sans surprise. Il fallait donc que l'image de l'Autre, le désir que cette Autre avait de lui soient dotés d'une force immense pour avoir balayé l'ennui et tout ce qui m'avait poussé à rompre. À cet instant, j'ai convenu que le cul, ici le cul de l'autre femme, était la chose la plus importante du monde.

Aujourd'hui, il me fait écrire.

Sans doute, la plus grande souffrance, comme le plus grand bonheur, vient de l'Autre. Je comprends que certains la redoutent et s'efforcent de l'éviter en aimant avec modération, en privilégiant un accord fait d'intérêts communs, la musique, l'engagement politique, la maison avec un jardin, etc., soit en multipliant les partenaires sexuels, considérés comme des objets d'un plaisir détaché du reste de la vie. Pourtant, si ma souffrance me paraissait absurde, voire scandaleuse par rapport à d'autres, physiques et sociales, si elle me paraissait un luxe, je la préférais à certains moments tranquilles et fructueux de ma vie.

Même, il me semblait qu'ayant traversé le temps des études et du travail acharné, du mariage et de la reproduction, payé en somme mon tribut à la société, je me vouais enfin à l'essentiel, perdu de vue depuis l'adolescence.

Aucune de ses paroles n'était anodine. Dans « j'ai travaillé à la Sorbonne » j'entendais « ils travaillent ensemble à la Sorbonne ». Toutes ses phrases étaient matière à un décryptage incessant, à des interprétations que l'impossibilité de vérifier rendait torturantes. Celles auxquelles je ne prêtais pas d'abord attention revenaient dans la nuit me ravager d'un sens brusquement lumineux et désespérant. La fonction d'échange et de communication qu'on attribue généralement au langage était passée au second plan, remplacée par celle de signifier et de ne signifier qu'une chose, son amour à lui pour elle ou pour moi.

J'établissais une liste de griefs passés à son égard. Chaque reproche noté me procurait une intense et fugitive satisfaction. Quand il m'appelait quelques jours après, je renonçais à énumérer cette somme accablante de torts, soupçonnant qu'on ne peut reconnaître ceux-ci sans espérer de cette reconnaissance un profit quelconque. Or il n'avait plus rien à me demander, sinon peut-être que je lui fiche la paix.

Par la remarquable capacité du désir à utiliser comme argument tout ce qui le sert, je m'appropriais sans vergogne les clichés et idées reçues traînant dans les magazines. Ainsi je me persuadais que la fille de cette femme supporterait mal la présence d'un amant beaucoup plus jeune que sa mère, ou bien elle tomberait amoureuse de lui, la vie commune deviendrait intenable, etc.

En marchant ou en me livrant à un travail ménager répétitif, j'échafaudais des raisonnements destinés à lui démontrer qu'il s'était mis dans un piège, qu'il devait revenir à moi. Dissertations intérieures où les arguments s'enchaînaient sans effort et sans fin, dans une fièvre rhétorique que tout autre sujet n'aurait pas suscitée. Les scènes érotiques que je déroulais interminablement au début de notre relation et auxquelles j'évitais maintenant de resonger puisqu'elles ne pourraient pas se réaliser, tous ces rêves de plaisir et de bonheur avaient laissé la place à un stérile et aride discours de la persuasion. Dont le caractère artificiel m'apparaissait lorsque, ayant réussi à le joindre sur son portable, il réduisait à néant ma construction logique d'un sobre et perspicace « je n'aime pas qu'on me mette la pression ».

La seule chose vraie, et je ne la dirais jamais, c'était : « Je veux baiser avec toi et te faire oublier l'autre femme. » Tout le reste était, au sens strict, de la fiction.

Dans mes stratégies argumentatives, une phrase surgissait, qui me paraissait éblouissante de vérité, « tu acceptes la sujétion de cette femme comme jamais tu n'aurais accepté la mienne ». Cette vérité me paraissait d'autant plus irréfutable qu'elle était lestée par le désir de blesser, de l'obliger à s'insurger contre une dépendance que je lui faisais valoir. J'étais satisfaite du choix des mots, de la formulation concise et j'aurais voulu proférer sur-le-champ ma phrase « qui tue », transporter ma réplique travaillée, parfaite, du théâtre de l'imaginaire à celui de la vie.

Faire absolument quelque chose et le faire tout de suite, sans pouvoir supporter le moindre délai. Cette loi de l'urgence qui caractérise les états de folie et de souffrance, je l'éprouvais constamment. Devoir attendre le prochain appel pour lui assener la vérité que je venais de découvrir et de me formuler était intolérable. Comme si cette vérité pouvait cesser d'en être une au fur et à mesure que les jours passaient.

En même temps, c'était l'espérance de me débarrasser de ma douleur par un coup de téléphone, une lettre, le renvoi de photos où nous étions ensemble, de la mettre, définitivement, « au-dessus de soi ». Mais peut-être toujours, au fond, le désir de ne pas réussir, de garder cette souffrance qui, alors, donnait son sens au monde. Puisque la véritable finalité de ces gestes était de l'obliger à réagir et de maintenir ainsi un lien douloureux.

Souvent, l'urgence d'agir d'une façon ou d'une autre s'accompagnait de délibérations fiévreuses. Écrire ou téléphoner. Aujourd'hui, demain, dans une semaine. Dire ceci plutôt que cela. En fin de compte, soupçonnant peut-être l'inefficacité de tout, j'avais recours au tirage au sort avec des cartes ou des petits papiers pliés dans lesquels je puisais en fermant les yeux. La satisfaction ou, à l'inverse, le regret que j'éprouvais en lisant la réponse servait à me renseigner sur mon désir réel.

Si j'arrivais à ne pas succomber à l'urgence et à différer d'un ou plusieurs jours le coup de fil que je brûlais de lui donner, ma voix contrainte, les mots qui m'échappaient, décalés ou agressifs, ruinaient l'effet que j'attendais du délai. Qui, je le percevais, apparaissait à W. pour ce qu'il était, une manœuvre cousue de fil blanc.

Et devant son refus de discuter, son inertie d'homme pris entre deux femmes, une bouffée de rage m'enlevait la faculté d'argumenter et l'usage maîtrisé du langage : au bord de débonder ma douleur en insultes — « restes-y, grand con, avec ta pouffiasse » —, je fondais en larmes.

Un dimanche après-midi, je suis allée au théâtre avec L., de passage en France, que je n'avais pas revu depuis sept ans. Ensuite, nous avons fait l'amour sur le canapé du salon de ses parents, par un enchaînement de gestes revenant tout seuls. Il m'a dit que j'étais belle et que je suçais merveilleusement. Dans ma voiture, en revenant chez moi, j'ai pensé que ce n'était pas suffisant pour me délivrer. La « purgation des passions » que j'ai souvent espérée de l'acte sexuel — et qu'une chanson de carabin me paraît assez bien exprimer : « Ah ! fous-moi donc ta pine dans le cul/Et qu'on en finisse/Ah ! (etc.)/Qu'on n'en parle plus » — ne s'était pas produite.

[J'ai tout attendu du plaisir sexuel, en plus de lui-même. L'amour, la fusion, l'infini, le désir d'écrire. Ce qu'il me semble avoir obtenu de mieux jusqu'ici, c'est la lucidité, une espèce de vision subitement simple et désentimentalisée du monde.]

À l'automne, lors d'un colloque pluridis-
ciplinaire où j'intervenais, j'ai remarqué
dans le public, au second rang, une femme
aux cheveux bruns et courts, plutôt petite
semblait-il, la quarantaine élégante et
stricte, en tailleur sombre, dont le regard
revenait continuellement sur moi. Un sac
de cuir qu'on attache dans le dos était
déposé près de son siège. J'ai été sûre
immédiatement que c'était elle. Durant les
communications des autres intervenants,
nos regards n'ont cessé de s'attirer et de se
détourner dans le quart de seconde où ils
se croisaient. Au moment du débat, elle a
demandé la parole. Avec aisance, d'une
voix pleine de maîtrise, elle a posé une

question concernant mon intervention mais en s'adressant à mon voisin. Cette façon ostensible de m'ignorer a constitué une preuve éclatante : c'était elle qui, ayant lu mon nom sur l'annonce du colloque sans doute affichée dans les universités, voulait voir à quoi je ressemblais. J'ai demandé tout bas à mes deux voisins qui était cette femme. Ni l'un ni l'autre ne la connaissait. Elle n'est pas revenue l'après-midi. À partir de ce moment, j'ai vu l'autre femme dans la brune anonyme du colloque. J'en éprouvais du repos, même du plaisir. Puis j'ai commencé de penser que les indices étaient insuffisants. Plus que de ceux-ci — certes avérés, il y a des témoins —, c'était d'avoir trouvé dans cette salle silencieuse de colloque universitaire un corps, une voix et une coupe de cheveux conformes à l'image que je portais en moi, d'avoir rencontré l'idéal type forgé et entretenu dans la détestation depuis des mois que je tenais ma conviction. Il y avait autant de chances que l'autre femme soit timide, blonde et frisée, s'habille de rouge en 44, mais je ne pouvais tout simplement pas le croire, celle-là n'avait jamais existé dans ma tête.

Un dimanche, j'ai marché dans les rues vides du centre de P. Le portail du Carmel était ouvert. J'y suis entrée pour la première fois. Un homme était étendu de tout son long sur le sol, face contre terre, les bras en croix, psalmodiant à voix haute devant une statue. À côté de la douleur qui clouait cet homme, la mienne ne me paraissait pas vraie.

Parfois j'entrevoyais que s'il m'avait dit brusquement, « je la quitte et je reviens avec toi », passé une minute d'absolu bonheur, d'éblouissement presque insoutenable, j'aurais éprouvé un épuisement, une flaccidité mentale analogue à celle du corps après l'orgasme et je me serais demandé pourquoi j'avais voulu obtenir cela.

L'image de son sexe sur le ventre de l'autre femme survenait moins souvent que celle d'une vie quotidienne qu'il évoquait précautionneusement au singulier et que j'entendais toujours au pluriel. Ce n'étaient pas les gestes érotiques qui allaient le souder le plus à elle (cela se pratique continuellement et sans suite sur la plage, un coin de bureau, dans les chambres louées à l'heure), mais la baguette de pain qu'il lui rapportait pour le midi, les sous-vêtements mélangés dans le panier à linge sale, le journal télévisé qu'ils regardaient le soir en mangeant des spaghettis à la bolognaise. Hors de ma vue, un processus de domestication, lent et sûr, avait commencé de l'enserrer. À coups de petits déjeuners partagés et de brosses à dents dans le même verre, une imprégnation mutuelle qu'il me semblait porter sur lui, physiquement, de façon impalpable, un air de vague réplétion que la vie conjugale donne parfois aux hommes.

La force de cette sédimentation silencieuse des habitudes, que j'avais tant redoutée lors de ma relation avec lui, me paraissait inexpugnable, justifiant l'obstination de certaines femmes, quitte à en être énervées, insatisfaites, voire malheureuses, de mettre l'homme qu'elles veulent s'attacher dans leurs meubles.

Et quand j'avais envie d'échanger avec lui au téléphone des phrases du genre de celles qu'on se murmurait avant, « tu aimes la queue, dis — Pas la queue, ta queue », etc., j'y renonçais. Ce serait simplement pour lui des obscénités refroidies, inaptes à émouvoir son sexe, puisque, comme cet homme marié accosté par une pute, il aurait pu me répondre, « merci bien, j'ai ce qu'il me faut à la maison ».

De plus en plus, à certains moments, il m'apparaissait fugitivement que je pourrais faire cesser cette occupation, rompre le maléfice, aussi simplement qu'on passe d'une pièce dans une autre ou qu'on sort dans la rue. Mais quelque chose manquait, dont je ne savais pas d'où cela viendrait — du hasard, du dehors, ou bien de moi-même.

Un après-midi, j'étais avec lui dans un café du côté de Saint-Philippe-du-Roule. Il faisait un froid glacial et la salle était mal chauffée. De la place où je me trouvais, je voyais juste mes jambes dans l'une des glaces ovales ornant bizarrement le bas du comptoir. J'avais mis des chaussettes trop courtes et le pantalon relevé découvrait une bande de peau blanche. C'était tous les cafés de ma vie où j'avais été triste à cause d'un homme. Celui-ci était, à son habitude, évasif et prudent. On s'est quittés au métro. Il allait retrouver l'autre femme, rentrer dans un appartement que je ne connaîtrais jamais, continuer de vivre avec elle dans sa familiarité comme il avait vécu dans la mienne. En descendant les marches, je me répétais, c'est trop destroy.

La nuit suivante, je me suis réveillée le cœur battant avec violence. Je n'avais dormi qu'une heure. Il y avait en moi une chose de souffrance et de folie qu'il me fallait rejeter à tout prix. Je me suis levée et j'ai traversé le séjour jusqu'au téléphone. J'ai composé le numéro de son portable et dit sur sa messagerie : « Je ne veux plus te voir. Mais c'est pas grave ! » Comme dans les communications par satellite, j'entendais ma voix à distance, mon ton faussement léger accompagné du petit rire qui signe la déraison. Retournée au lit, j'étais toujours sous l'emprise de la souffrance. Il était trop tard pour prendre un somnifère. J'ai cherché et récité les prières de mon enfance, attendant sans doute d'elles le même effet qu'alors : la grâce ou l'apaisement. Dans le même but, je me suis fait jouir. L'étendue de douleur avant le matin était infinie.

Couchée sur le ventre, j'ai commencé d'halluciner sous moi des mots qui avaient la consistance des pierres, des tables de la loi. Les lettres, cependant, dansaient et s'assemblaient, se disloquaient, comme celles qui flottent dans le potage de pâtes appelé « alphabet ». Je devais absolument saisir ces mots, c'étaient ceux qu'il me fallait pour être délivrée, il n'y en avait pas d'autres. Je craignais qu'ils ne m'échappent. Tant qu'ils ne seraient pas écrits, je resterais dans ma folie. J'ai rallumé et je les ai griffonnés sur la première page du livre posé à mon chevet, *Jane Eyre*. Il était cinq heures. Dormir ou non n'avait plus d'importance. J'avais rédigé ma lettre de rupture.

Je l'ai mise au propre le lendemain, brève, concise, dépourvue des habituelles stratégies et ne réclamant aucune réponse. J'ai pensé que je venais de traverser la « Nuit du Walpurgis classique », bien que je ne sache pas ce que signifie au juste ce titre d'un poème de Verlaine, dont j'ai oublié le contenu.

(Donner un titre aux moments de sa vie, comme on le fait à l'école pour des passages littéraires, est peut-être un moyen de la maîtriser ?)

Il n'a pas répondu à la lettre. Par la suite, nous nous sommes téléphoné quelquefois, de façon purement phatique. Cela aussi est fini.

Quand il m'arrive de penser à son sexe, je le vois tel qu'il m'est apparu la première nuit, barrant son ventre à la hauteur de mes yeux dans le lit sur lequel j'étais étendue ; grand et puissant, renflé en massue à l'extrémité. C'est comme un sexe inconnu dans une scène que je regarderais au cinéma.

J'ai passé un test de dépistage du sida. C'est devenu une habitude semblable à celle que j'avais adolescente d'aller à confesse, une sorte de rite de purification.

Je n'ai plus aucune envie de chercher le nom de l'autre femme ni quoi que ce soit sur elle (autant prévenir que je décline d'avance la sollicitude d'éventuels informateurs [1]). J'ai cessé de la voir dans le corps de toutes celles que je croise. Je ne suis plus sur le qui-vive en marchant dans Paris. Je ne change plus de station de radio quand passe *I'll be waiting*. J'ai parfois le sentiment d'avoir perdu quelque chose, à peu près comme celui qui s'aperçoit qu'il n'a plus besoin de fumer ou de se droguer.

Écrire a été une façon de sauver ce qui n'est plus déjà ma réalité, c'est-à-dire une

1. Qui auraient, par exemple, décodé le système de décalage que j'ai employé — par discrétion, ou quelque motivation plus ou moins consciente — pour les initiales et les localisations trop précises.

sensation me saisissant de la tête aux pieds dans la rue, mais est devenu « l'occupation », un temps circonscrit et achevé.

J'ai fini de dégager les figures d'un imaginaire livré à la jalousie, dont j'ai été la proie et la spectatrice, de recenser les lieux communs qui proliféraient sans contrôle possible dans ma pensée, de décrire toute cette rhétorique intérieure spontanée, avide et douloureuse, destinée à obtenir coûte que coûte la vérité, et — car c'est de cela qu'il s'agit — le bonheur. J'ai réussi à combler de mots l'image et le nom absents de celle qui, durant six mois, a continué de se maquiller, de vaquer à ses cours, de parler et de jouir, sans soupçonner qu'elle vivait aussi ailleurs, dans la tête et la peau d'une autre femme.

Je suis retournée à Venise cet été. J'ai revu
le campo San Stefano, l'église San Trovaso,
le restaurant Montin et naturellement les
Zattere, tous les lieux où je suis passée avec
W. Il n'y a plus de fleurs sur la terrasse
devant la chambre que j'avais occupée avec
lui dans l'annexe de l'hôtel La Calcina, les
volets sont clos. Au-dessous, le rideau de fer
du café Cucciolo est baissé et l'enseigne a
disparu. À La Calcina, on m'a dit que
l'annexe était fermée depuis deux ans. Elle
sera sans doute vendue en appartements.
J'ai continué en direction de la Douane de
Mer, mais elle est inaccessible à cause des
travaux. Je me suis assise le long du mur des
Magasins du Sel, là où l'eau déborde et

stagne en flaques sur le quai. De l'autre côté du canal, sur la Giudecca, les façades de San Giorgio et du Redentore sont recouvertes de bâches. À l'autre bout se dresse la masse noire, intacte, du Mulino Stucky désaffecté.

Mai-juin et septembre-octobre 2001.

DU MÊME AUTEUR

Aux Éditions Gallimard

LES ARMOIRES VIDES (« Folio » n° 1600).

CE QU'ILS DISENT OU RIEN (« Folio » n° 2010).

LA FEMME GELÉE (« Folio » n° 181).

LA PLACE (« Folio » n° 1722 ; « Folio Plus » n° 25 avec un dossier réalisé par Marie-France Savéan ; « Folioplus classiques » n° 61, dossier réalisé par Pierre-Louis Fort, lecture d'image par Olivier Tomasini).

LA PLACE – UNE FEMME (« Foliothèque » n° 36, étude critique et dossier réalisés par Marie-France Savéan).

UNE FEMME (« Folio » n° 2121 ; « La Bibliothèque Gallimard » n° 88, accompagnement critique par Pierre-Louis Fort).

PASSION SIMPLE (« Folio » n° 2545).

JOURNAL DU DEHORS (« Folio » n° 2693).

« JE NE SUIS PAS SORTIE DE MA NUIT » (« Folio » n° 3155).

LA HONTE (« Folio » n° 3154).

L'ÉVÉNEMENT (« Folio » n° 3556).

LA VIE EXTÉRIEURE (« Folio » n° 3557).

SE PERDRE (« Folio » n° 3712).

L'OCCUPATION (« Folio » n° 3902).

L'USAGE DE LA PHOTO, en collaboration avec Marc Marie (« Folio » n° 4397).

LES ANNÉES (« Folio » n° 5000).

ÉCRIRE LA VIE (« Quarto »).

LE VRAI LIEU, entretiens avec Michelle Porte.

MÉMOIRE DE FILLE.

Aux Éditions Stock

L'ÉCRITURE COMME UN COUTEAU, entretiens avec Frédéric-Yves Jeannet (« Folio » n° 5304).

Aux Éditions Nil

L'AUTRE FILLE.

Aux Éditions des Busclats

L'ATELIER NOIR.

Aux Éditions du Mauconduit

RETOUR À YVETOT.

Aux Éditions du Seuil

REGARDE LES LUMIÈRES, MON AMOUR (« Folio » n° 6133, avec une postface inédite de l'auteur).

COLLECTION FOLIO

Dernières parutions